LES
ÉPIDIDYMITES SUPPURÉES
DE LA BLENNORRHAGIE

PAR

M. LAURENT

Interne des hôpitaux.

I0109267

M. le prof. Audry a eu l'occasion, dans le courant de l'année 1900, de soigner deux malades atteints d'épididymite blennorrhagique suppurée. Il a bien voulu me confier le soin de réunir les quelques observations analogues qui se trouvent dans la littérature médicale.

Avec ces données, j'ai pensé pouvoir tracer le tableau clinique d'une complication gonococcique sur laquelle les auteurs sont muets ou trop concis.

On convient unanimement que la suppuration complique avec une rareté extrême la blennorrhagie de l'appareil génital mâle. Elle peut d'ailleurs en atteindre exclusivement les diverses parties : canal déférent (1), épididyme, testicule (2), vaginale ; mais tandis que l'abcès de la vaginale ou l'abcès du testicule ont eu leur description, l'abcès de l'épididyme n'est dans beaucoup d'auteurs pas même signalé. Cette rareté comparative des suppurations épididymaires, est-elle réelle ou seulement apparente ? Comment l'épididyme si hospitalier au gonocoque, serait-il à l'abri de son action pyogène alors qu'elle s'exerce sur des points habituellement moins atteints que lui ?

(1) Saint Ange. — *France médicale*, 1879.
(2) Alric-Bourgès. — Toulouse, 1899.

Il est à présumer que parmi les faits étiquetés vaginalite ou orchite suppurées, certains avaient eu un point de départ épididymaire. — Quoi qu'il en soit, c'est dans une clinique de Routier de 1895 que se trouve rapporté le premier cas bien net d'épididymite suppurée à gonocoques. Ultérieurement cinq observations ont été publiées, toutes à l'étranger.

Il en est deux dont je n'ai pu avoir connaissance autrement que par les citations d'auteurs postérieurs. J'ai assemblé de la sorte six observations, dont deux inédites sur lesquelles est basé le présent travail. Il ne traitera que des suppurations de l'épididyme consécutives à la blennorrhagie, à l'exclusion des suppurations du voisinage. Il ne serait pas sans intérêt de traiter : des complications suppurées de la blennorrhagie de l'appareil génital mâle, en général : on y verrait le même microbe pyogène localiser son action tantôt sur la séreuse, tantôt sur la glande, tantôt sur les premières voies excrétrices, ou au contraire l'étendre à plusieurs de ces parties ; mais cela n'entre pas dans le cadre que je me suis tracé. — Pour l'étude de l'orchite suppurée je ne saurais mieux faire que d'indiquer la thèse de Alric-Bourgès (Toulouse, 1899), sortie, elle aussi, de la clinique de Dermatologie et de syphiligraphie de M. le Prof. Audry.

Les Epididymites suppurées n'ont pas d'histoire. Si bien que dans le tout récent traité de chirurgie (Duplay et Reclus) elles ne sont même pas signalées.

Dans sa thèse, Alric-Bourgès (1) a écrit en tête de son travail : « Nous laissons de côté les observations de suppuration épididymaire ; nous le faisons du reste d'autant plus volontiers que chemin faisant nous n'avons pu rencontrer d'éléments suffisamment précis pour esquisser même une description des épididymites suppurées de la blennorrhagie. Celles-ci sont à peu près inconnues. » Depuis lors la gerbe s'est accrue.

Pourtant déjà dans Curling (Cliniques, traduction Gosselin, 1857) on en trouve mention : La suppuration dit-il, a lieu quelquefois dans l'épididymite ; si par exemple, l'orchite est mal soignée un abcès peut se former dans le tissu cellulaire qui avoisine la queue de cet organe et la portion réfléchie du canal

(1) ALRIC-BOURGÈS. — Suppuration et nécrose du testicule au cours de la blennorrhagie. Toulouse, 1899.

déférent et s'ouvrir à la partie la plus déclive du scrotum. »
Mais Gosselin lui-même qui rapporte de nombreux exemples
de terminaison de l'orchite par suppuration, ne cite pas un
cas net d'abcès de l'épididymite : Deux renseignements, dit-il,
dans une de ses cliniques, résultent de ces faits, c'est que dans
certaines orchites, et en général lorsqu'elles n'ont pas la blennorrhagie pour cause, la suppuration peut avoir lieu soit du
côté du testicule, soit du côté de la vaginale, et que dans les
cas de ce genre, une fois que la tunique vaginale a été disten-
due par le pus, nous ne pouvons pas reconnaître si le pus a
été fourni par l'une ou par l'autre de ces parties ou par toutes
les deux à la fois.

Dans l'article Testicule du Dechambre, Mollière et Augagneur
s'expriment ainsi : « La terminaison par suppuration de la
chaude-pisse tombée dans les bourses est très rare. Cullerier,
dans sa longue pratique, n'en avait vu que trois ou quatre cas.
La suppuration est plus fréquente quand le testicule est en-
flammé ; en d'autres termes plus le processus est intense, plus
les dangers d'une suppuration sont imminents. L'apparition
du pus s'accuse par son cortège habituel : frissons douleurs
vives et lancinantes, élévation de la température. Un point de
l'organe ne tarde pas à se bosseler, devient fluctuant, et le
pus s'écoule. Deux éventualités peuvent se présenter : ou bien
c'est l'épididyme qui a suppuré, et en peu de jours la cicatrisation est complète ou bien le pus s'est formé sous l'albugi-
née et dans ce cas peut survenir la hernie et le sphacèle des
canalicules séminifères. »

Dans un article des *Annales de Dermatologie* (1892, p. 164)
Eraud avançait les conclusions suivantes :

1° L'épididymite blennorrhagique peut se terminer par suppuration et par suppuration de la vaginale seule, la suppuration primitive du parenchyme glandulaire de par la blennorrhagie ne paraît pas devoir être admise.

2° Le microbe qui produit l'orchite simple paraît être le
même qui produit l'orchite suppurée.

3° Il nous paraît démontré qu'il y a analogie, sinon identité,
entre la toxine provenant de l'épididymite blennorrhagique
suppurée et la toxine provenant du « staphylocoque urétral »,
microbe saprophyte vivant dans l'uretère normal et sain.
Il s'agissait dans l'observation d'Eraud d'une tumeur fluctuan-

te située à la queue de l'épididyme qui, après incision, fut reconnu être un abcès enkysté de la vaginale ; on peut voir par cet exemple combien il est dangereux de généraliser un fait particulier.

Monod et Terrillon (in Malaladies du testicule, 1889) décrivent parmi les complications de l'épididymite blennorrhagique : ...3) la suppuration de la vaginale ; 4) la suppuration du testicule — mais non la suppuration de l'épididymite : « Hardy — disent ces auteurs — qui s'est occupé de cette question avec soin, est obligé de conclure comme Curling à la possibilité de la suppuration du testicule, mais sans en séparer les suppurations péritesticulaires. La plupart des cas cités par Gosselin sont des vaginalites ; un ou deux seulement paraissent avoir eu pour point de départ le testicule et encore il n'est pas prouvé que le pus ne venait pas de l'épididyme. »

Si nous n'avions que les affirmations des auteurs antérieurs à la période bactériologique, peut-être nous serait-il permis de mettre en doute l'existence de la suppuration gonococcique de l'épididyme. Rien ne lui ressemble autant, en effet, que la forme de tuberculose aiguë épididymo-testiculaire décrite par Duplay et surtout par Reclus. Néanmoins, des observations récentes ont bien établi par le microscope et la culture la réalité de l'abcès épididymaire gonococcique.

Tandis que les épididymites subaiguës pseudo-tuberculeuses sont entrées en entier dans le cadre de la tuberculose génitale, les épididymites aiguës suppurées, après y avoir été elles aussi englobées, en ressortent en partie. Les auteurs récents de traités ou de manuels spéciaux signalent leur existence. Mais ce qu'ils en ont dit manque de précision et d'étendue ; il n'existe pas, en un mot, d'étude méthodique.

L'épididymite aiguë suppurée de la blennorrhagie attend sa description : Il existe, je crois, un nombre de faits suffisants pour la tenter.

OBSERVATION I.

Orchite blennorrhagique suppurée. — *Présence du gonocoque dans le pus,* par A. ROUTIER. *Médecine moderne.* N° 57. 17 juillet 1895.

Homme de 35 ans, valet de chambre, sans antécédents suspects, habituellement bien portant. A sa première chaude-pisse dont le début remonterait à trois jours. Ecoulement assez intense. A son entrée au 3e jour la bourse gauche était rouge, gonflée, excessivement douloureuse. Pourtant cette épididymite n'offrait rien d'anormal. Il y avait peu de liquide dans la vaginale ; cordon modérément gonflé ; vésicule correspondante, ni très gonflée, ni très douloureuse. La douleur dont le malade se plaignait fut placée sur le compte de sa sensibilité spéciale. L'inventeur d'un suspensoir permettant aux malades atteints d'épididymite de marcher, étant venu dans le service, appliqua un de ses suspensoirs à ce malade-ci. Mais après quelques pas sans douleur, celui-ci dut vite regagner son lit.

Les jours suivants la douleur resta très vive, le gonflement augmenta ; il y eut de la fièvre avec de grandes ascensions, l'état général fut profondément touché, l'amaigrissement rapide, aussi eut-on des soupçons de tuberculose.

1er Mai (au 10me jour de l'orchite) apparition d'un abcès au niveau de l'épididyme.

2 Mai — Incision. Le pus recueilli contenait du gonocoque de Neisser. « J'y insiste : c'était non de l'orchiocoque, mais du gonocoque de Neisser ».

Il sortit de la plaie deux bourbillons formés par des tubes épididymaires.

Guérison rapide. Au bout d'une semaine, le malade sortait de l'hôpital, *transfiguré* !

OBSERVATION II.

WITTE. — *Zur Pathogenese der gonorrhoischen Epididymitis. Archiv. fur. Dermat. und. Syphilis. Band 50. 1899.* — *Résumé.*

Homme de 25 ans, robuste, sans antécédents. — Blennorrhagie datant du 25 décembre 1898. Vers le 15 janvier, cystite, puis épididymite gauche ; sécrétion uréthrale abondante ; testicule gauche de la grosseur du poing, avec, au pôle inférieur de l'épididyme un noyau un peu moins dur, gros comme une noix. Cordon intact.

Pas de température, rien aux jointures, rien au cœur.

Amélioration rapide de la cystite sous l'influence du traitement. — 6 février. Tuméfaction du pôle inférieur de l'épididyme, qui augmente de volume et devient fluctuant. L'incision donne passage à 40 cmc. de pus sanglant. Guérison rapide et complète.

Le pus de l'abcès contenait de nombreux gonocoques.

OBSERVATION III.

COLOMBINI.—*Centralblatt. für Bactériologie.1898. Band XXIV. N. 25.*

Manœuvre 28 ans. — Chaudepisse dans les derniers jours de juillet 1895. Rien de particulier au début ; se traita d'abord par abstention de tabac et d'alcool et par des diurétiques. Apparition d'un ganglion à l'aine gauche qui bientôt devint très douloureux. Puis eut de la fièvre le soir. Vu à ce moment pour la première fois, présentait un ganglion fluctuant à l'aine gauche. — 13 Août : Incision du ganglion.— 17 Août Epididymite du côté gauche. Application d'eau de Goulard, repos, etc.., Jours suivants augmentation de l'épididyme : rougeur, douleur, température 38°9 le soir. — 21 Août : Fluctuation. — 22 Août : Incision de l'abcès. — Pendant l'opération se plaint de douleur dans l'épaule. Apparition d'une parotidite suppurée, perte de l'appétit, fièvre, etc. — 27 Août : Œdème de la paupière inférieure. Incision de l'abcès parotidien. Pendant 24 heures, a uriné 420 cmc. d'urines sanglantes, troubles, albumineuses,contenant de nombreux globules rouges et des cellules du rein. Les jours suivants amélioration progressive.— 14 Septembre : guérison complète.— Le pus de trois abcès a donné des colonies typiques de gonocoque : l'Examen bactériologique du sang fait à 2 reprises différentes a donné une première fois des résultats négatifs et la seconde fois des cultures d'un diplocoque semblable au gonocoque.

OBSERVATION IV.

PIZZINI. *Un caso di epididimite blenorragica suppurata, con alcune considerazion sulla virulenza dei gonococchi. — In Giornale italiano della Malattie veneree e della Pelle —* (1900), fascicolo IV, p. 392.

Jeune homme de 27 ans, de taille moyenne, d'aspect plutôt gracile sans antécédents héréditaires, fièvre typhoïde à 20 ans.

Vers les premiers jours de novembre 1897, il contracte une uréthrite qui évolua d'abord sans symptômes graves et sans troubles subjectifs. Seulement, vers la fin de la deuxième semaine, le malade accusa une légère strangurie, signe de la propagation du processus à l'urèthre postérieur. A la fin de la troisième semaine, il commença à pratiquer des injections de permanganate de potasse (1 : 6000) limitées à la seule partie de l'urèthre antérieur. Quatre jours après apparut une tuméfaction douloureuse à l'épididyme gauche avec fièvre et malaise général. Le repos au lit et les cataplasmes émollients firent d'abord rétrocéder les phénomènes, mais ayant peu après augmentés, le malade fut recueilli dans une maison de santé de Milan. Il présentait en ce moment une sécrétion uréthrale peu abondante, blanc jaunâtre. Au microscope cette sécrétion laissait voir de nombreux leucocytes polynucléaires, quelques cellules épithéliales et de nombreux diplocoques, les uns libres, mais en plus grand nombre contenus dans les leucocytes. Ils ne prenaient pas le Gram.

La moitié gauche du scrotum était gonflée, légèrement rouge ; à la partie postérieure et inférieure, elle présentait une tuméfaction grosse comme une noisette, fluctuante, recouverte par une peau rouge, infiltrée. Le testicule était normal, l'épididyme augmenté de volume, douloureux dans toute son étendue, spécialement à la base où il se confondait avec la tumeur et lui était adhérent.

Le malade, apyrétique le matin, atteignait 38°2, le soir. Après désinfection, on procéda à l'incision de l'abcès et l'on donna issue à du pus jaune verdâtre, dense, crémeux. La plaie guérit rapidement, il restait seulement une légère tuméfaction de l'épididyme spécialement à la queue où se voyait une cicatrice cutanée, lisse, adhérente.

Le pus, aseptiquement recueilli, examiné au microscope, contenait quelques diplocoques en forme de grains de café. Avec les cultures pures obtenues sur agar-sérum, on fit des injections dans la plèvre de 4 lapins, qui moururent au bout de deux jours en présentant de la pleurésie séro-fibrineuse. L'exsudat pleural de trois de ces lapins était absolument stérile, celui du quatrième contenait de nombreux diplocoques qui ne prenaient pas le Gram. Il ne pouvait rester de doute que la suppuration épididymaire ne dût être attribuée au gonocoque de Neisser.

OBSERVATION V (personnelle).

X..., 35 ans. — Pas d'antécédents. — Blennorrhagie à 22 ans, compliquée d'épididyme gauche. Cette dernière disparaît après 3 ou 4 mois. Depuis lors, goutte militaire. On lui fit des instillations au nitrate d'argent. — A 28 ans, récidive de l'épididymite. Une incision fut pratiquée qui donna issue à un pus épais. Guérison en trois semaines.

En 1892, troisième poussée d'épididymite à gauche.

En juin 1900. Recrudescence de l'écoulement, perte de l'appétit, amaigrissement. Il se présente alors à la consultation ayant un écoulement blanchâtre à gonocoques, et une épididymite gauche. Par le traitement, au permanganate, l'uréthrite s'amende. L'épididymite devenant douloureuse, le malade entre à l'hôpital. Le lendemain matin on trouve le coton qui garnissait son suspensoir rempli de pus, l'abcès s'étant vidé pendant la nuit. En ce moment, l'écoulement uréthral est diminué et sans gonocoques. Le pus de l'abcès venait manifestement de l'épididyme.

On fait une épididymectomie totale et typique ; à l'examen on est frappé de voir les lésions limitées à la tête et très différentes des lésions de la tuberculose ; on voit de petites cavités à parois souples contenant du pus jaune et épais. Le testicule paraît sain, il n'y a pas de vaginalite appréciable.

Intervention sur la prostate par la voie périnéale ; elle montre l'existence d'un abcès profond qui donne issue à un flot de pus jaune, épais, fétide.

Le troisième jour après l'intervention, l'apyrexie est totale. La plaie de l'épididyme est guérie au dixième jour, au quinzième jour le périnée est en bon état.

On n'a pas examiné le pus provenant de l'abcès épididymaire pas plus que le pus prostatique.

OBSERVATION VI (personnelle).

X... 18 ans. Sans antécédents héréditaires ou personnels. Entré à la clinique le 16 juillet 1900. Raconte que, fin mai 1900, a eu sa première chaudepisse caractérisée par les phénomènes habituels, sans cystite. Le 5 juillet s'est produit un léger gonflement douloureux du testicule qui n'a pas empêché le malade de continuer son travail de domestique et qui a disparu spontanément au bout de 4 ou 5 jours. Le 14 juillet, le scrotum se gonfle à nouveau et le 16 juillet le malade entre à l'hôpital avec un léger écoulement uréthral et une épididymite gauche. Celle-ci est extrêmement dure, surtout au niveau de la queue ; elle est adhérente aux téguments qui ne glissent pas sur elle. Etat général normal. Suspensoir. Repos. Le malade est tenu en observation jusqu'au 27 ; l'adhérence semble diminuer, mais l'épididyme reste aussi grosse et aussi dure ; au niveau de la queue on sent un petit point fluctuant. L'examen de la prostate et du cordon ne révèlent aucune anomalie. Le même jour incision de l'abcès, sur lequel on arrive à travers les parois du scrotum, sans avoir à ouvrir la vaginale. On tombe ainsi sur un petit abcès gros comme un pois contenant un pus verdâtre et visqueux, situé en plein épididyme. Résection totale de l'épididyme.

Au microscope, on ne trouve pas de gonocoques dans le pus. Il n'a pas été fait de cultures. Suites normales. Guérison rapide.

OBSERVATION VII.

(Compte rendu dans les Annales de Guyon, 1898.)

Le Dr Grosz présente le 10 novembre 1897, devant le Club médical de Vienne, un malade entré à l'hôpital pour une uréthrite compliquée d'épididymite. Dans le pus uréthral on trouva des gonocoques. Mais comme le malade était manifestement tuberculeux, on pouvait penser que l'épididymite était de nature tuberculeuse. Une ponction de la tumeur donna issue à du pus contenant du gonocoque. Ce fait prouve que l'épididymite est produite par le gonocoque et non par sa toxine. Il fut fait des cultures du gonocoque.

Voir GROSZ. — Aertzl. Central-Anzeiger, Vienna, 1897, IX, p. 543.

Observation VIII.

Hartung-Gonorroische. Epididymitis - Verhandlungen der deutschen, dermatologischen Gesellschaft. VI. Congress in Strassburg.

Obtient d'une épididymite suppurée des cultures pures de gonocoques. Il conclut en disant que les suppurations sont dues au gonocoque seul et non à des infections mixtes.

Anatomie pathologique. — Macroscopiquement l'épididyme suppurée se présente sous deux aspects :

a) Dans certains cas, on constate extérieurement des phénomènes d'inflammation aiguë : rougeur, tuméfaction ; on reconnaît au palper l'existence d'une fluctuation profonde, plus ou moins étendue, siégeant au niveau de l'épididyme, mais l'existence des phénomènes inflammatoires superficiels ne permet pas de déterminer les limites de l'abcès.

b) D'autres fois, on peut sentir une tumeur bien limitée, grosse ordinairement comme une noisette ou une noix, d'abord dure, puis fluctuante, située habituellement au pôle inférieur du testicule ; elle semble se rattacher à la queue de l'épididyme.

Quant à l'état des organes voisins, il varie d'après l'intensité de l'infection gonorrhéique ; tantôt l'épididyme est normal à la palpation ; tantôt il est gros et dur, le testicule apparaît le plus souvent indemne ; parfois il est augmenté de volume. La vaginale contient peu de liquide.

Lésions microscopiques. — Je n'aurais pas pu écrire ce chapitre, si je n'avais eu sous les yeux l'article de MM. Audry et Dalous : « Sur les processus histologiques des épididymites aiguës (1). » Ce que je donne ici n'est autre que le résumé de leur travail dont j'utiliserai les conclusions.

A l'examen microscopique des coupes de l'épididyme enlevé au malade de l'observation V, on notait les particularités suivantes :

(1) *Archives provinciales de chirurgie*, février 1901 ; les pièces examinées provenaient de nos deux malades.

A) « *Examen des tubes épididymaires et des cônes efférents.*

« 1° Un grand nombre de tubes sont normaux.

« 2° Sur les tubes atteints, les altérations de l'épithélium
« consistent : a) dans la chute des cils ; b) dans un certain de-
« gré d'aplatissement de l'épithélium plus ou moins marqué
« selon les points examinés ; en certains endroits même on ne
« voit plus qu'une seule rangée de cellules cubiques ; mais la
« bordure épithéliale ne manque jamais.

« *Il n'existe aucun signe de desquamation ou d'inflammation ;*
« *au niveau de ces points, le tissu conjonctif est complètement nor-*
« *mal.*

« La métaplasie ne relève assurément pas de lésions inflam-
« matoires sous-jacentes.

« 3° Le contenu des tubes est constitué par un grand nom-
« bre de leucocytes. Il est certain que ces derniers n'y ont pas
« pénétré par diapédèse à travers l'épithélium. Ils doivent
« donc provenir d'un point situé plus haut et qui ne s'est pas
« présenté à l'examen. Les tubes contiennent aussi un grand
« nombre de spermatozoïdes.

B) « *Tissu conjonctif.* — En certains endroits le tissu con-
« jonctif paraît absolument sain ; en d'autres, il est en pleine
« inflammation. Celle-ci se manifeste par la présence au milieu
« d'une atmosphère conjonctive activement morcellée d'un
« grand nombre de leucocytes mélangés par place à des cel-
« lules plasmatiques.

« *Les infiltrats paraissent manifestement développés autour*
« *des lymphatiques dilatés.*
Examen de la pièce II, se référant à l'observation VI.

A) « *Epithélium des cônes.* — L'épithélium des cônes effé-
« rents paraît presque tout à fait normal. Tout au plus, si les
« cils y sont moins constants. Pourtant le tissu conjonctif
« sous-jacent présente en plusieurs points des traces d'in-
« flammation. La lumière des canalicules est vide.

B) « *Epithélium des canaux épididymaires :*

« 1° En certains points, on ne constate que la chute des cils.

« 2° Ailleurs l'épithélium s'aplatit progressivement jusqu'à

« n'avoir plus qu'une seule rangée de cellules ; il est même
« érodé en certains points. Il n'y a pourtant aucune trace de
« diapédèse entre les cellules épithéliales. Les tubes ne con-
« tiennent pas de spermatozoïdes, mais un exsudat composé
« surtout de polynucléaires et de quelques mononucléaires.

C) « *Tissu conjonctif péri-tubulaire*. — Le tissu conjonctif
« présente en nombre d'endroits des lésions inflammatoires.

« Tantôt on voit des infiltrations leucocytaires diffuses, *manifestement péri-lymphatiques* disséminées à travers les fais-
ceaux du tissu conjonctif morcelé et pénétré, *mais non détruit*.

« Tantôt au contraire on se trouve en présence de cellules
rondes, serrées, mal définissables contenues dans une cavité
occupée par une masse fibrineuse.

« Tantôt enfin, on aperçoit une infiltration diffuse de leucocytes dans une matière fenêtrée, mais homogène, qui a tout
l'air d'un exsudat de lymphe coagulée. Nulle part, il n'existe
de *systématisation péritubulaire* ou *périvasculaire sanguine*.
C'est surtout autour des *vaisseaux lymphatiques* que l'inflammation paraît localisée, et elle acquiert un degré tel que les
lésions sont tout à fait voisines de l'abcès. »

Il est à remarquer combien dans ces deux cas les résultats
de l'examen ont été analogues, montrant bien l'identité du
processus inflammatoire.

Les coupes ont été pratiquées dans le tissu environnant
l'abcès ; c'est donc en quelque sorte l'abcès en voie de formation saisi sur le fait.

On peut voir ainsi :

1° Que la suppuration est entièrement extratubulaire ; elle
est péri-épididymaire : elle se fait dans le tissu conjonctif qui
enveloppe les tubes sans que l'épithélium de ceux-ci y prenne
part.

2° Qu'il existe un grand nombre de petits foyers exsudatifs
aussi bien au niveau des cônes, c'est-à-dire de la tête, qu'au
niveau de la queue de l'épididyme. Ces foyers fenêtrés mor-
cellent le tissu conjonctif ; et c'est sans doute leur réunion qui
donna lieu à la collection purulente.

3° Que ces exsudats ont un pouvoir pyogénique, histolyti-
que, faible puisque le tissu entre les mailles duquel ils sont
contenus, est morcellé, mais non détruit.

4° Nous voyons enfin, et j'appelle sur ce point l'attention, que les nodules infectieux ne se disposent jamais autour des vaisseaux sanguins et jamais non plus, chose remarquable, autour des tubes épididymaires, mais toujours autour des vaisseaux lymphatiques.

Pathogénie. — Benoît, interne de Routier, reconnaît dans le pus de l'abcès incisé par ce dernier la présence du gonocoque de Neisser. Il a soin de faire remarquer que ce n'est pas de l'orchiocoque.

Grosz constate au microscope et par la culture la présence du gonocoque dans la sécrétion urétrale et dans le liquide retiré par ponction d'une épididymite suppurée. Pour lui, l'épididymite suppurée est due au gonocoque lui-même et non à sa toxine.

Hartung trouva dans une épididymite suppurée des cultures pures de gonocoques. Il conclut que ces suppurations sont dues au gonocoque seul et non à des infections mixtes.

Witte, par la culture et au microscope reconnaît le gonocoque dans la sécrétion urétrale et le pus de l'abcès épididymaire. Il conclut, lui aussi, que toutes les épididymites blennorrhagiques sont dues au gonocoque.

Colombini trouve ce même microbe dans les divers abcès et aussi dans le sang de son malade. Les cultures qu'il en fit, inoculées dans l'épididyme d'un homme sain, lui donnèrent une épididymite à symptômes très intenses.

Pizzini, à son tour, constate l'existence du gonocoque et du seul gonocoque, dans le pus de l'abcès.

L'ensemencement sur agar-sérum donna lieu au bout de 24 heures au développement de très riches *colonies pures* de gonocoques. De plus, il injecta des cultures dans la plèvre de 4 lapins. Tous ces animaux moururent dans l'espace de deux jours de pleurésie séro-fibrineuse. L'exsudat pleural fut stérile chez trois de ces lapins, celui du quatrième contenait quelques diplocoques présentant tous les caractères microbiologiques du gonocoque. « Ainsi non seulement les expériences sur les animaux avaient pleinement réussi, mais elles avaient en outre montré que l'agent pathogène était doué d'une virulence supérieure à la normale.

Dans l'observation V, l'abcès s'étant spontanément ouvert,

l'examen du pus ne fut pas fait, car il eût été sans grande va-
leur. Dans l'observation VI, l'examen du pus au microscope
ne décela pas de gonocoques. Mais Collan (1) a rapporté un
cas où l'ensemencement d'un pus qui au microscope parais-
sait amicrobien donna lieu à un développement de cultures
typiques de gonocoques. D'autre part, est bien connue la rapi-
dité avec laquelle ce microbe disparaît dans les collections
purulentes.

Il ressort de ces faits que dans tous les cas d'épididymite
suppurée où un examen complet du pus a été fait, il a démontré l'existence du gonocoque — et du gonocoque seul. La
nature gonococcique de l'épididymite aiguë est aujourd'hui
universellement admise ; elle a d'ailleurs été démontrée par
Collan notamment. Dans le liquide obtenu par aspiration
d'une épididymite aiguë non suppurée, cet expérimentateur ne
put trouver du gonocoque au microscope, mais réussit à en
obtenir des cultures.

C'est aussi au gonocoque que sont dues les suppurations
péri-épididymaires. Faut-il à priori rejeter l'existence d'abcès
polymicrobiens. Quoique aucun fait clinique ne soit venu con_
firmer la réalité de ces associations, il me semblerait logique
d'admettre ici ce qui se produit si fréquemment ailleurs ; dans
la prostate par exemple (2). Très probablement ce polymicro-
bisme doit modifier l'aspect clinique des suppurations épididymaires. Mais il faut attendre l'accumulation d'un plus grand
nombre de faits pour se prononcer.

Je crois tout à fait inutile de revenir sur la théorie de Bumm
qui, partant d'une interprétation erronée de ses expériences,
déniait au gonocoque le pouvoir de pénétrer les épithéliums
plats et de proliférer dans le tissu conjonctif. Bien des auteurs
ont apporté la preuve de cette erreur, Wertheim entre autres.
Les cas cités ici ne font que confirmer cette preuve.

Il n'est pas besoin à l'heure actuelle de discuter la théorie
de l'orchiococcus. Le « staphylocoque uréthral », vivait en
saprophyte dans l'urèthre ; devenu virulent à un moment
donné, il ne portait son action que sur le testicule. La solu-

(1) Collan. — Zur Frage der Pathogenese der gonorrhoischen Epididymitis. (*Wiener Klinische Wochenscrift*, 1897.)

(2) Thèse de Lamolle. Abcès blennorrhagiques de la Prostate, 1900, Toulouse.

tion aqueuse de la toxalbumine extrait des cultures de ce microbe ne donnait lieu à aucun phénomène réactionnel, si on l'injectait dans le tissu cellulaire sous-cutané, ou le péritoine du chien, du lapin et du cobaye. Injectée dans le testicule d'un chien âgé, elle y déterminait en quelques heures, une orchite suraiguë, chez le chien jeune au contraire, elle amenait la formation de pus. Ces expériences semblèrent entraîner un moment la conviction, mais les expérimentateurs n'ont pas confirmé ces résultats, et la théorie de l'orchiocoque ne rallie plus de partisans.

L'épididyme n'est pas d'ailleurs le seul point où le gonocoque se montre pyogène. Les abcès de la prostate à gonocoque pur, les périmétrites suppurées dues au même agent sont bien connus, on a des observations d'un abcès à gonocoque péri-articulaire et de multiples abcès intra-musculaires. Colombini le trouve dans des adénites inguinales suppurées. Schlot conclut qu'il peut dans certains cas provoquer la suppuration simple et même phlegmoneuse. En réalité, c'est un pyogène atténué ; injecté expérimentalement dans le tissu conjonctif, il y détermine rarement des collections de pus. D'après Jadassohn, il formerait surtout de faux abcès en élargissant simplement les espaces préformés. Si l'on se rapporte aux résultats donnés plus haut de l'examen histologique, on voit en effet signaler la présence d'exsudats entre les mailles du tissu conjonctif morcelé, fenêtré, mais non détruit. Mais il faut se rappeler que les coupes ne portaient pas au niveau de l'abcès lui-même et l'opinion de Jadassohn est certainement exagérée comme le prouve la présence d'un pus crémeux, dense, bien lié, d'un pus d'abcès véritable. Mais ce n'est pas là le mode d'action habituel du gonocoque.

En effet, dit Finger, tandis que les microcoques communs sont exclusivement purulents, le gonocoque détermine au bout de peu de temps, une prolifération active de tissu conjonctif et la production d'un tissu de sclérose. Dans certains cas néanmoins il se montre lui aussi pyogène, quoique son pouvoir pyogénique n'atteigne jamais un très haut degré. A quel déterminisme est lié ce changement dans le mode d'action. C'est là évidemment le point important de la pathogénie. Malheureusement il n'est pas possible dans l'état actuel de la science — c'est la conclusion de Witte — d'indiquer ces con-

ditions. Pizzini croit les trouver dans les trois causes fonda-
mentales suivantes : La nature du sujet. — La nature du
milieu. — La virulence innée de l'agent pathogène.

Tout cela est très théorique, et aurait besoin de l'appui des
faits. Or, nous verrons au chapitre étiologie que les conditions
invoquées par Pizzini : telles que âge avancé, antécédents, santé
chétive, fatigues excessives, traumatismes, etc., ne semblent
pas devoir être incriminées. En second lieu, virulence et pyo-
génie ne sont pas fonction l'une de l'autre. Les causes qui fa-
vorisent l'intensité des phénomènes phlogogènes peuvent bien
ne pas intervenir pour transformer ce processus en un processus pyogène.

Le gonocoque peut parvenir à l'épididyme par trois voies.

a) Par la voie sanguine. — La présence du gonocoque dans
le sang a été démontrée par quelques expérimentateurs. Colombini, dans l'observation citée, isola le gonocoque du sang et
en fit des cultures. On peut consulter aussi : Rodolfo-Panchi.
Deux cas de gonocohémie. *Settimana médica*, 1899. — Puisque
le sang véhicule le gonocoque dans des organes éloignés, on
peut bien admettre qu'il le transporte aussi dans le tissu péri-
épididymaire.

b) Voie lymphatique. — « La voie lymphatique, dit Etienne
Rollet, a été indiquée par Sappey comme étant celle que suit
l'inflammation dans l'épididymite. Cette théorie a trouvé peu
d'adeptes. — Elle semble pourtant très acceptable et concorde
avec les idées actuelles sur l'uréthrite blennorrhagique, puis-
qu'il est démontré que le gonocoque envahit les réseaux lymphatiques superficiels. Or l'anatomie nous enseigne que les
lymphatiques qui commencent au méat urinaire se prolongent
jusque dans les conduits séminifères. » E. Rollet, *Semaine
médicale*, 1894.

Dans les examens histologiques que j'ai rapportés, on voit
que les localisations inflammatoires n'existent ni autour du
tube épididymaire, ni autour des vaisseaux sanguins, mais
toujours autour des lymphatiques. Je ne serais pas éloigné de
penser, pour ma part, que cette voie peut être suivie et que le
gonocoque ainsi introduit directement dans le tissu conjonctif y serait plus apte à se montrer pyogène.

b) Par la muqueuse. — Le gonocoque agit ici comme dans l'urèthre. Il commence d'abord par attaquer la muqueuse, desquame sa couche superficielle, modifie la forme des cellules épithéliales et s'insinue alors dans les espaces intercellulaires pour aller s'établir sous la muqueuse. Ce n'est qu'à ce moment que se produit l'émigration leucocytaire, (Finger, Bumm, Christmas). Mais le pouvoir de pénétration n'est pas arrêté là et, de même que dans les abcès péri-urétraux, le gonocoque s'insinue ici entre les fibres conjonctives, produisant autour de lui une réaction de globules blancs. Il gagne ainsi les voies lymphatiques dont le réseau excessivement riche enlace les tubes épididymaires.

Etiologie. — 1° Au nombre des causes prédisposantes des complications suppurées de la blennorrhagie, il faudrait compter, d'après certains auteurs, l'âge avancé, un passé morbide, une affection intercurrente, un organisme affaibli. Mais il ressort de l'examen des observations : 1° que les malades étaient dans la force de l'âge (18 ans, 25 ans, 27 ans, 28 ans, 35 ans) ; 2° qu'ils n'avaient pas d'antécédents héréditaires ou personnels notables. Tous étaient des gens bien portants, robustes, exerçant des professions pénibles. Bien plus, sauf le malade de l'observation V, qui avait eu plusieurs récidives uréthrales et épididymaires, ils avaient tous un passé génital indemne. 2° Il ne semble pas non plus qu'une acuité plus grande de l'uréthrite du début ou la recrudescence de ses symptômes précèdent nécessairement la suppuration de l'épididyme.

a) L'uréthrite est signalée comme n'offrant aucun caractère anormal dans les observations III, IV, VI (3 fois sur 6 cas).

b) L'écoulement du début fut assez intense dans les observations I, II, V.

c) Au moment où l'abcès se forma, il y eut recrudescence de l'écoulement dans les observations II et V.

d) On constata au contraire sa diminution dans les observations IV et VI.

Dans l'observation de Colombini où les phénomènes pyogènes se sont montrés avec le plus d'intensité, l'uréthrite avait débuté et évolua normalement.

3° La diversité dans l'époque d'apparition de l'épididymite

au cours de la blennorrhagie éloigne toute idée de relation. On voit, par exemple, que les phénomènes épididymaires ont apparu : au 3e jour de l'uréthrite ; à la 3e semaine, à la 5e ; 1 mois 1/2 et 2 mois 1/2 après.

4° Il ne paraît pas davantage que, dans les cas où l'épididymite s'est terminée par suppuration, l'infection génitale ait traduit par l'étendue des lésions ou l'importance des symptômes sa plus grande intensité. Dans les formes normales, c'est surtout l'épididyme qui est atteint et aussi la vaginale. « Il semble que l'inflammation n'ait pas tendance à envahir la glande génitale elle-même, respectant ainsi un organe absolument différent de son appareil excréteur par sa structure, par ses fonctions, par son développement même. » [Monod et Terrillon]. Dans les observations citées il n'en fut guère autrement. Si dans l'une on voit notée une grosseur anormale du testicule, dans une seconde une notable augmentation de volume et de consistance de l'épididyme, dans les autres l'épididymite ne s'éloignait pas de son type normal.

5° On ne voit pas incriminée non plus l'influence des traumatismes ou de la fatigue, du genre de vie, de la méthode de traitement, etc.

6° La date d'apparition de l'abcès au cours de l'épididymite est, elle aussi, variable, mais il semble qu'elle se place le plus souvent au moment où devrait commencer la période de déclin. C'est ainsi qu'il apparaît au 3e jour, au 18e, au 14e, au 20e après le début de l'orchite.

En résumé, les causes étiologiques banales que l'on est tenté d'invoquer à priori paraissent être en réalité des facteurs d'importance nulle ou très secondaire. C'est dans l'agent infectieux lui-même qu'il faut rechercher la raison de la production du pus plutôt que dans des causes adjuvantes extrinsèques.

DESCRIPTION

On peut donner de l'épididymite suppurée la description générale suivante :

Au cours d'une épididymite blennorrhagique aiguë, à évolution jusque-là régulière, habituellement vers l'époque où la défervescence devrait se produire, la fièvre apparaît. Elle

est marquée par des élévations vespérales de température aux
environs de 38°2-38°9 (1). Parfois la courbe présente de grandes
oscillations. En même temps l'état général devient mauvais,
l'appétit se perd, un amaigrissement rapide survient. Des
phénomènes si peu habituels et si marqués, dont on n'entre-
voit pas encore la véritable cause, ont fait croire souvent à
un envahissement tuberculeux. Le scrotum devient douloureux.
Cette douleur, dans certains cas, est à ce point excessive que le
malade doit rester couché, évitant tout mouvement qui redou-
blerait sa souffrance. L'application d'un bandage ouaté élas-
tique ne rend plus, comme d'habitude, la marche possible.
Mais bientôt des phénomènes locaux évidents viennent éclai-
rer le diagnostic. A la palpation, on sent une petite tumeur
limitée, distincte de l'épididyme sans être entièrement séparée,
douloureuse à la pression. Au niveau, la peau du scrotum
devient rouge et infiltrée, on y perçoit bientôt de la fluctuation. Cette tumeur fluctuante siège le plus souvent à la queue
de l'épididyme et se sent à la partie postéro-inférieure du
scrotum ; mais on l'a vue aussi faire saillie en avant au niveau
de la tête. En présence de symptômes si nets, l'intervention a
presque toujours lieu : le médecin incise l'abcès. Sinon, celui-
ci évolue rapidement, et vient s'ouvrir à l'extérieur. Il est infi-
niment probable, quoique cela ne soit expressément noté dans
aucune observation, que l'abcès épididymaire se fait parfois
une voie vers la vaginale ou le testicule. Nous avons vu que
c'était l'opinion de Monod et Terrillon au sujet des observations de suppuration du testicule rapportées par Gosselin.

c) Les dispositions anatomiques de la séreuse tantôt entou-
rant presque complètement la glande, tantôt au contraire la
laissant entièrement à découvert, conditionnent évidemment
le sort de l'abcès.

Les suppurations du testicule s'accompagnent le plus géné-
ralement de l'issue des tubes séminifères par nécrose de ces
tubes ; on s'est même demandé s'il pouvait exister suppuration sans nécrose.

Cette terminaison peut se produire de même pour les suppu-

(1) Cette hyperthermie se maintenant dans des limites assez peu élevées
semble être la caractéristique des suppurations à gonocoques. Dans les
abcès de la prostate dus au seul gonocoque, notamment, c'est cette tempé-
ature qui est indiquée.

rations épididymaires. Routier a noté dans son observation que par la plaie étaient sortis deux ou trois tubes épididymaires. Mais il ne paraît pas en général en être ainsi. L'abcès se déterge ; il se produit une cicatrice ; le processus se limite au tissu conjonctif, il n'y a pas élimination de tubes. Non pas que ces tubes restent indemnes. MM. Audry et Dalous signalent une métaplasie de l'épithélium qu'ils comparent à celle qui se produit dans l'épididyme de béliers après la vasectomie et que pour cette raison ils sont tentés d'attribuer à un trouble de la nutrition. Mais ce trouble de la nutrition ne va pas jusqu'à la nécrose.

L'ouverture de l'abcès dans la vaginale, son invasion dans le testicule présentent une toute autre gravité que l'ouverture à la peau. Ces deux éventualités peuvent amener la nécrose du testicule.

Une fois que l'abcès est ouvert, la réparation se fait facilement ; la cicatrisation est rapide et a lieu sans production de fistule. Il reste dans certains cas une cicatrice cutanée adhérente.

En même temps on note une amélioration très prompte de l'état général, le retour de l'appétit et de l'embonpoint. De telle sorte que dans les cas où l'amaigrissement marqué et rapide avait pu faire songer à une tuberculisation, on assiste à une résurrection véritable.

Formes. — En dehors des cas qui s'adaptent avec une exactitude plus ou moins approchante au cadre clinique que je viens de donner, cas en quelque sorte d'intensité moyenne, il en est d'autres qu'il faut classer à part. Il me semble bon de les ranger en deux catégories. Dans l'une, forme sévère, rentrent les faits analogues à celui rapporté par Colombini. L'abcès épididymaire n'est qu'une des localisations du gonocoque pyogène qui a colonisé en maints endroits (ganglions lymphatiques, glandes, prostate, etc., etc).

Dans ces différents abcès on peut trouver le diplocoque. Le sang est le vecteur probable de l'agent infectieux. Colombini, nous l'avons vu, trouva le microbe dans le sang de son malade. Cette dissémination s'accompagne de phénomènes infectieux assez intenses (néphrite aiguë, hématurie). Mais ces phé-

nomènes sévères sont de courte durée. Il semble que le gonocoque porte en lui-même son germe de mort.

L'intensité même des phénomènes fébriles amène sa dispa-
rition. Dès que les abcès sont ouverts, l'état général s'amé-
liore, la guérison rapide survient.

Il faut encore faire une place aux formes atténuées, un abcès tout petit se forme ; les phénomènes inflammatoires qu'il
détermine sont restreints, la douleur est très supportable et
l'état général n'est pas affecté.

Cette épididymite ne se présente pas sous un aspect plus sévère qu'une épididymite aiguë normale quant aux symptômes
généraux tout au moins. Seulement lorsqu'on examine l'épididyme on le trouve très gros et très dur, en outre les téguments
glissent difficilement sur les plans profonds, ils sont adhé-
rents. C'est l'indice de l'inflammation du tissu conjonctif péri-
épididymaire. Il y a de la périépididymite. Si alors on examine
attentivement son malade on pourra percevoir un petit point
fluctuant. Peut-être n'existe-t-il pas encore. Il faudra alors
surveiller cet épididyme pour dépister l'abcès dès qu'il appa-
raîtra et ne pas se fier sur l'apparition de symptômes généraux annonçant la suppuration ; symptômes qui dans cette
forme ne se produiront pas. Ce serait s'exposer à trouver un
beau jour l'abcès ouvert.

Diagnostic. — Le premier point du diagnostic comporte la
constatation d'une suppuration de l'épididyme. On peut être
amené à faire cette constatation soit fortuitement au cours
d'un examen, ou bien encore en ayant eu quelque sorte la
main forcée par l'apparition de quelque symptôme local inso-
lite tel que l'intensité de la douleur, une sensation de pesan-
teur dans les bourses, une douleur qui persiste malgré l'application d'un bandage ouaté bien appliqué.

La suppuration peut paraître évidente à la simple inspection
par la présence de phénomènes inflammatoires des envelop-
pes du scrotum ; il faut au contraire, d'autres fois, rechercher
la présence d'un point fluctuant.

Une fluctuation au niveau de l'épididyme peut en outre
avoir ses attaches dans le testicule ou être due à un abcès enkysté de la vaginale. Les rapports de continuité de l'abcès
avec l'épididyme permettront de trancher la question. Il est

bien certain d'ailleurs que l'incision de l'abcès vient plus d'une fois rectifier une erreur dans la localisation.

En présence d'un abcès de l'épididyme pour arriver au diagnostic de sa nature, il faut songer : 1º qu'il existe une suppuration gonococcique de l'épididymite aiguë blennorrhagique ; 2º qu'il existe une tuberculose aiguë de l'épididymite dont le tableau clinique ressemble étrangement à celui de l'épididymite blennorrhagique aiguë terminée par suppuration ; 3º que cette forme de tuberculose aiguë peut survenir au cours d'une blennorrhagie uréthrale. On voit combien le diagnostic doit être serré de près ; voyons quels en seront les éléments.

Je ne serais pas éloigné de penser que, par une réaction excessive contre les idées anciennes la tuberculose aiguë n'ait englobé quelques faits d'épididymite suppurée blennorrhagique. Les deux affections se voient au même âge entre 18 et 35 ans. L'écoulement séro-purulent qui accompagne parfois le début de la tuberculose génitale peut être pris pour un écoulement blennorrhagique à sa phase terminale ; il faut donc s'informer s'il n'y a pas eu antérieurement un écoulement blanc-verdâtre épais ; et s'assurer de l'absence de gonocoques dans le séro-pus ou dans le dépôt urinaire. La difficulté grandit de par ce fait que la blennorrhagie uréthrale précède parfois l'invasion bacillaire, et elle se complique encore si l'on considère que bien des cas sont dus au gonocoque, dans lesquels des phénomènes généraux internes pouvaient le plus légitimement faire penser à une tuberculisation rapide, alors que l'on voit des épididymo-orchites bacillaires apparaître en pleine santé et évoluer au début sans altération de l'état général. En outre la coexistence de signes de tuberculose d'autres organes n'est pas la règle, et il est d'ailleurs permis à un tuberculeux d'avoir une épididymite blennorrhagique et de la voir se terminer par la formation d'un abcès (cas de Grosz). La suppuration gonococcique comme celle due au bacille de Koch ont été précédées d'une phase de phlogose dont les caractères et la durée n'ont rien de caractéristique.

Voyons maintenant quels caractères objectifs de la suppuration constituée pourront nous aider dans notre diagnostic. Dans la blennorrhagie c'est d'habitude dans le tissu cellulaire qui entoure la queue de l'épididyme que se développe l'abcès ; c'est le plus souvent au niveau de la tête, dans la tuberculose,

mais les exceptions sont si nombreuses ! Dans les 3/4 des cas
la tuberculose atteint à la fois épididyme et testicule, tandis
qu'il est plus rare de voir le parenchyme glandulaire présenter des lésions manifestes au cours de la blennorrhagie. La
palpation du testicule ne donnera pas des renseignements
d'une bien grande certitude, à moins d'y percevoir des bos-
selures caractéristiques de la tuberculose. En faveur de celle-
ci plaidera encore la présence de plusieurs points ramollis,
fluctuants. Il n'en serait pas de même d'une induration con-
comittante du cordon qui pourrait aussi être due au reliquat
d'une funiculite blennorrhagique. Mais il est évident que la
généralisation des lésions à l'appareil génital ne permettrait
pas de commettre une erreur.

Ce qui distingue par-dessus tout les deux processus suppu-
ratifs c'est leur évolution. Amélioration rapide dans un cas,
passage à l'état chronique dans l'autre. Si l'abcès inflammatoire s'ouvre à la peau il se cicatrisera rapidement. Il ne
persistera qu'une cicatrice adhérente, mais lisse et souple ;
l'abcès caséeux au contraire qui a progressé par extension
périphérique de tubercules, restera fistuleux plus ou moins
longtemps, et, s'il se ferme, laissera un trajet induré. C'est
surtout, une fois l'abcès ouvert, que les différences s'accusent.
Dans un cas l'ouverture sera suivie d'un rétablissement remarquablement rapide de la santé ; dans l'autre l'état général va
en s'aggravant.

Mais il importe d'être fixé le plus tôt possible, et si faire se
peut, de ne pas attendre de l'évolution la confirmation de son
diagnostic. En effet, dans le cas de blennorrhagie une incision
précoce amène un rétablissemeut rapide et surtout prévient
une participation possible de la vaginale ou du testicule au
processus suppuratif. Dans l'alternative de tuberculose aiguë,
la précocité de l'intervention est peut-être encore plus nécessaire, mais il faut faire alors une épididectomie totale, qui ne
serait pas de mise pour un simple abcès à gonocoques.

Ainsi donc, mettant de côté les cas où la netteté des symptômes ne laisse pas de doute, et ces cas sont rares en clinique, on voit que la recherche et la discussion de tous les signes n'est pas de trop pour arriver à résoudre ce calcul des
probabilités qu'est le diagnostic avant toute intervention. Si
le doute subsiste, et, avant d'intervenir par une opération radi-

cale, l'examen microscopique du pus recueilli après ponction ou incision, est nécessaire.

Pronostic. — Comme pour toutes les suppurations dues au gonocoque, ici encore le pronostic est favorable. Même dans les cas où les phénomènes avaient au début une allure sévère, l'amélioration fut remarquablement rapide après l'ouverture de l'abcès.

Au point de vue de la fonction spermatique, il faut prévoir la possibilité d'une issue de la collection purulente dans la vaginale ou le testicule. Si l'abcès se limite à l'épididyme, il ne semble pas que les voies excrétrices soient obturées ; la suppuration étant extra-épididymaire, la perméabilité des conduits épididymaires peut être sauvegardée, ainsi qu'on a pu s'en rendre compte à l'examen microscopique. Dans ces cas il y aurait suppuration périépididymaire sans épididymite et le pronostic fonctionnel serait ainsi bien moins grave que celui de l'épididymite aiguë.

Traitement. — L'incision précoce de l'abcès est le traitement rationnel : 1° Il est suffisant, une rapide guérison le suit.

2° Il permet de conserver une partie d'organe qui, nous l'avons vu, peut encore accomplir sa fonction. Vouloir amener la résolution par des moyens médicaux ou attendre qu'elle se produise, c'est s'exposer à voir l'abcès s'ouvrir en entrainant des parties d'épididymes qui auront eu le temps de se nécroser.

3° On pourra être amené à faire une épididectomie totale dans les cas douteux, lorsqu'on pourra se croire en présence d'un début de tuberculisation ou dans les cas d'abcès étendus ou multiples.

Clermont (Oise). — Imprimerie DAIX frères.

9 782019 576028